Nicole Weber

Lernstationen Schöpfung

Differenzierte Materialien für den Religionsunterricht

Nicole Weber arbeitet als Grundschullehrerin in Niedersachsen und veröffentlichte bereits zahlreiche Unterrichtsmaterialien für die Grundschule.

Wir verwenden in unseren Werken eine genderneutrale Sprache, damit sich alle gleichermaßen angesprochen fühlen. Wenn keine neutrale Formulierung möglich ist, nennen wir die weibliche und die männliche Form. In Fällen, in denen wir aufgrund einer besseren Lesbarkeit nur ein Geschlecht nennen können, achten wir darauf, den unterschiedlichen Geschlechtsidentitäten gleichermaßen gerecht zu werden.

In diesem Werk sind nach dem MarkenG geschützte Marken und sonstige Kennzeichen für eine bessere Lesbarkeit nicht besonders kenntlich gemacht. Es kann also aus dem Fehlen eines entsprechenden Hinweises nicht geschlossen werden, dass es sich um einen freien Warennamen handelt.

3 Auflage 2024

AAP Lehrerwelt GmbH
Veritaskai 3
21079 Hamburg
Telefon: +49 (0) 40325083-040
E-Mail: info@lehrerwelt.de
Geschäftsführung: Andrea Fischer, Sandra Saghbazarian
USt-ID: DE 173 77 61 42
Register: AG Hamburg HRB/126335

Autorschaft:	Nicole Weber
Covergestaltung:	TSA&B Werbeagentur GmbH, Hamburg
Coverillustration:	Stefan Lucas
Illustrationen:	Stefan Lucas sowie Barbara Gerth (Piktogramme: Sonne, Mond, Stern; Wolke S. 17; Smileys S. 27, 71; Regenbogen S. 48), Julia Flasche (Ohr S. 10; Hand S. 11; Weltkugel S. 33), Katherina Reichert-Scarborough (Malbild S. 27)
Satz:	Satzpunkt Ursula Ewert GmbH, Bayreuth
Druck und Bindung:	SDK Systemdruck Köln GmbH & Co. KG, Köln

ISBN/Bestellnummer: 978-3-403-20349-0
www.persen.de

Einleitung und praktische Tipps 4

Übersicht über die Lernstationen ... 6

Station 1: Die Schöpfung mit unseren Sinnen entdecken

A Die Schöpfungsgeschichte zum Vorlesen ... 7
B Achtsamkeitsübung zur Schöpfung 9
C Die Schöpfung mit allen Sinnen erfahren .. 12

Station 2: Die Schöpfungstage

A Der erste Tag: Licht und Dunkelheit 13
B Der zweite Tag: Der Himmel 16
C Der dritte Tag: Das Meer und das Land 19
D Der vierte Tag: Sonne, Mond und Sterne ... 22
E Der fünfte Tag: Die Tiere der Luft und des Wassers 25
F Der sechste Tag: Die Tiere des Landes und der Mensch 28
G Der siebte Tag: Ausruhen 31

Station 3: Die Schöpfungsgeschichte

A Die Schöpfung als Bild 34
B Die Schöpfungsgeschichte zusammensetzen 35
C Die Schöpfungsgeschichte als Leporello .. 36
D Die Schöpfungsgeschichte zusammensetzen 37

Station 4: Gottes Auftrag für die Menschen

A Die Schöpfung bewahren 38
B Meine bessere Welt 41

Station 5: Der Mensch und die Schöpfung

A Paradies und Sündenfall zum Vorlesen ... 42
B Paradies und Sündenfall 44
C Die Sintflut 47

Station 6: Naturwissenschaftliche Ansätze

A Die Entwicklung des Lebens auf der Erde .. 49
B Die Entwicklung des Menschen 52

Station 7: Spiele und Rätsel

A Elfchen zur Schöpfung 54
B Domino zur Schöpfung 55
C Rätsel zur Schöpfung.................. 56
D Quiz zur Schöpfung 57
E Spiele mit Bildkarten 59
F Würfelspiel 62

Anhang

Stationsschilder 65
Laufzettel 69
Beobachtungsbogen 70
Selbsteinschätzungsbogen 71
Urkunde 72
Lösungen 73
Textquellenverzeichnis 78

Warum ist das Thema wichtig?

Schüler[1] kommen jeden Tag mit der Schöpfung in Berührung. Sie finden eine schöne Blume, entdecken ein Insekt oder staunen über einen Regenbogen. Das Thema „Schöpfung" holt Schüler direkt in ihrer Lebenswelt ab und ist ein zentraler Inhalt des Religionsunterrichts in der Grundschule.

In den vorliegenden „Lernstationen Schöpfung" wird den Schülern anhand von sieben Stationen nicht nur die Schöpfung nähergebracht, sondern es wird auch der Umgang von biblischen Figuren mit der Schöpfung beleuchtet. Die Schüler werden zudem angeregt, darüber nachzudenken, wie man die Schöpfung bewahren kann, und sie werden auf eine altersgerechte Weise an naturwissenschaftliche Ansätze herangeführt. Die gelernten Inhalte werden durch spielerisches Material wiederholt.

Vorbereitung

Das Heft bietet eine Übersicht aller Lernstationen, in der benötigte Materialien aufgelistet und Lernziele benannt sind. Die Lernziele sind so formuliert, dass sie im Laufe der Stationsarbeit, die über mehrere Stunden fortgesetzt wird, von den meisten Schülern erreicht werden können.

Zu jeder Station sollten die jeweiligen Arbeitsblätter und -materialien in ausreichender Anzahl ausgelegt werden. Sollen alle Stationen auf einmal zur Verfügung stehen, kann es ratsam sein, die Stationen in Ablagekörbchen bereitzustellen. So lassen sie sich schnell auf- und abbauen und können übereinandergestapelt platzsparend verstaut werden.

Im hinteren Teil dieses Buches finden sich Lösungen der Arbeitsblätter. Diese sind teilweise verkleinert abgebildet, teilweise vereinfacht dargestellt. Die Lösungen können bei Bedarf etwas versteckt an jeder Station zur Selbstkontrolle bereitgelegt werden.

Jede Station sollte über ein Stationsschild verfügen, damit die Schüler sich besser im Raum orientieren können. Die Stationsschilder können dem Anhang entnommen werden. Es empfiehlt sich, jedes Stationsschild auf DIN-A4-Format zu kopieren, zu laminieren und mittig zu falten.

Einsatz der Lernstationen

Die Lernstationen eigenen sich gut für heterogene Lerngruppen und können auch im inklusiven Bereich zum Einsatz kommen. Für die Bearbeitung der Arbeitsblätter ist in erster Linie Einzelarbeit vorgesehen. Dies bietet den Schülern die Möglichkeit, die einzelnen Stationen in ihrem eigenen Tempo zu durchlaufen. Es ist jedoch auch möglich, dass die Schüler mit einem Partner oder in einer Gruppe zusammenarbeiten. Hierdurch haben die Schüler die Möglichkeit, sich auszutauschen und einander zu unterstützen. Sollte eine Zusammenarbeit für die Ausführung einer Aufgabe erforderlich sein, ist dieses in der Übersicht über die Lernstationen vermerkt.

Umgang mit den Materialien

Die Stationen dürfen nicht als starres Konzept verstanden werden. Nicht jeder Schüler muss jede Station bearbeiten. Es können individuelle Schwerpunkte für jedes Kind gesetzt werden. Mithilfe des Laufzettels, der dem Anhang entnommen werden kann, ist es

---

[1] Wir sprechen hier wegen der besseren Lesbarkeit von Schülern bzw. Lehrern in der verallgemeinerten Form. Selbstverständlich sind auch alle Schülerinnen und Lehrerinnen gemeint.

möglich, einen individuellen Arbeitsplan für jedes Kind zu erstellen. Hierbei kann angegeben werden, welche Teilaufgaben einer Station und welchen Schwierigkeitsgrad der Schüler bearbeiten soll. Der Schwierigkeitsgrad eines Arbeitsblattes wird mithilfe folgender Symbole ausgewiesen:

= leicht = mittel = schwierig

Stationsbeschreibung

Station 1 – Die Schöpfung mit unseren Sinnen entdecken dient als Einstieg in das Thema „Schöpfung“. Zum einen wird die Schöpfungsgeschichte zum Vorlesen angeboten. Zum anderen werden die Schüler angeregt, die Schöpfung bewusst mit allen Sinnen wahrzunehmen. Ein Teil der Aufgaben wird hierbei im Freien ausgeführt.

Station 2 – Die Schöpfungstage befasst sich mit den sieben Schöpfungstagen. Zu jedem Schöpfungstag gibt es Arbeitsblätter in drei Schwierigkeitsgraden, die darauf eingehen, was am jeweiligen Tag erschaffen wurde.

Station 3 – Die Schöpfungsgeschichte behandelt die Schöpfungsgeschichte als Ganzes. Hierbei werden die Schüler angeregt, ihr Wissen über die einzelnen Schöpfungstage zu verknüpfen.

Station 4 – Gottes Auftrag für die Menschen befasst sich mit der Bewahrung der Schöpfung. Die Schüler werden angeregt, darüber nachzudenken, was sie für die Umwelt tun können.

Station 5 – Der Mensch und die Schöpfung beleuchtet den Umgang von biblischen Figuren mit der Schöpfung. Näher betrachtet werden das Paradies und der Sündenfall sowie die Sintflut.

Station 6 – Naturwissenschaftliche Ansätze befasst sich kindgemäß mit der Entwicklung des Lebens auf der Erde und der Entwicklung des Menschen.

Station 7 – Spiele und Rätsel bietet Spielmaterial zu den behandelten Themen. Diese Station kann als Wiederholungsstation eingesetzt werden.

Tipps für die Praxis

- Vielleicht haben Sie die Möglichkeit, mit Ihren Schülern einen Wald oder eine Wiese zu besuchen, um die Schüler bewusst die Schöpfung wahrnehmen zu lassen. Hierbei können Ihre Schüler auch Naturmaterialien sammeln, die später in der Klasse ausgestellt werden können.
- Planen Sie bei Ihrer nächsten Klassenfahrt eine Nachtwanderung und lassen Sie Ihre Schüler bewusst nach den Geräuschen der Natur lauschen.
- Lassen Sie Ihre Schüler ein Mandala aus Naturmaterialien legen, um ihnen aufzuzeigen, wie vielfältig die Schöpfung ist. Diese Aufgabe kann auch als Meditation eingesetzt werden.
- Um Ihren Schülern zu zeigen, wie sie die Schöpfung bewahren können, wäre es möglich, an lokalen Aktionen, wie zum Beispiel einer alljährlichen Müllsammelaktion, teilzunehmen oder Initiativen zu besuchen.
- Zeigen Sie Ihren Schülern, wie schnell etwas aus ein paar Samen wachsen kann. Hierfür bietet es sich an, gemeinsam mit den Schülern Kresse auszusähen.

Übersicht über die Lernstationen

Station	Schwierigkeitsgrad	Ziele	Material	Anmerkung
Station 1: **Die Schöpfung mit unseren Sinnen entdecken**		• Die Natur mit allen Sinnen bewusst wahrnehmen • Die Schönheit der Natur bewundern und erleben, indem ein Gegenstand im Detail betrachtet wird	• Gegenstände aus der Natur • Buntstifte • Schreibstifte • Schere	Für diese Übungen ist es sinnvoll, auf eine Wiese, in einen Park oder auf den Pausenhof zu gehen.
Station 2: **Die Schöpfungstage**		• Die Erschaffung der Welt als etwas Wertvolles wahrnehmen, indem die Werke der einzelnen Schöpfungstage erfasst und wiedergegeben werden	• Buntstifte • Schreibstifte • Schere • Kleber • Lineal	
Station 3: **Die Schöpfungsgeschichte**		• Die Schöpfung als Ganzes wiedergeben, indem der Zusammenhang zwischen den verschiedenen Schöpfungstagen hergestellt wird	• Buntstifte • Schreibstifte • Schere • Kleber	
Station 4: **Gottes Auftrag für die Menschen**		• Den Auftrag Gottes an uns Menschen erfassen, indem über die Bewahrung der Schöpfung nachgedacht wird • Erkennen, dass jeder Mensch Teil der Schöpfung ist • Erkennen, wie man die Umwelt bewahren und Verantwortung dafür übernehmen kann	• Buntstifte • Schreibstifte	
Station 5: **Der Mensch und die Schöpfung**		• Den Umgang biblischer Figuren mit der Schöpfung verstehen, indem die Vertreibung aus dem Paradies und die Sintflut erfasst wird	• Buntstifte • Schreibstifte • Schere	
Station 6: **Naturwissenschaftliche Ansätze**		• Die Entwicklung des Lebens auf der Erde in Ansätzen nachvollziehen	• Buntstifte • Schreibstifte • Schere • Kleber	
Station 7: **Spiele und Rätsel**		• Das aufgetane Wissen festigen	• Buntstifte • Schreibstifte • Schere • Kleber • Würfel • Spielfiguren	Partner- und Gruppenarbeit

Am Anfang

Am Anfang
schuf Gott Himmel und Erde.

Noch war die Erde öde
und ohne Leben.
Wasser bedeckte das Land.
Und es war überall dunkel.

Da sprach Gott:
„Es werde Licht!“

Und es geschah,
wie Gott gesagt hatte:
Über der Erde wurde es hell.

Und Gott sah,
dass das Licht gut war.
Er trennte das Licht von dem Dunkel.
Und er nannte das Licht „Tag“.
Und das Dunkel nannte er „Nacht“.

Da wurde es Abend.
Die Erde lag wieder im Dunkeln.
Der erste Tag war vorüber.

Und Gott sprach:
„Über der Erde
soll ein Himmel entstehen!“

Und so geschah es:
Gott spannte das Firmament
über die Erde
und nannte es „Himmel“.

Und Gott sah,
dass es gut war,
was er gemacht hatte.

Wieder wurde es Abend.
Der zweite Tag war vorüber.

Und Gott sprach:
„Alles Wasser soll weichen!“

Und so geschah es:
Das Wasser floss zusammen.
Und trockenes Land trat
aus dem Wasser hervor.
Und Gott nannte das Trockene „Land“.
Und das Wasser nannte er „Meer“.

Und Gott sprach:
„Das Land bringe hervor
Gräser und Kräuter
und Bäume aller Art.“

Und Gott sah,
dass es gut war,
was er gemacht hatte.

Wieder wurde es Abend.
Der dritte Tag war vorüber.

Und Gott sprach:
„Lichter sollen am Himmel leuchten
bei Tag und bei Nacht!“

Und so geschah es:
Am Morgen ging die Sonne auf,
strahlend und hell.
Und am Abend leuchtete
der Mond am Himmel.
Und viele Sterne funkelten
in der dunklen Nacht.

Und Gott sah,
dass es gut war,
was er gemacht hatte.

Wieder wurde es Abend.
Der vierte Tag war vorüber.

Und Gott sprach:
„Tiere sollen das Wasser
und die Luft mit Leben erfüllen!“

Und so geschah es:
Im Wasser wimmelte es bald
von allerlei Tieren,
großen und kleinen Fischen.

Und Vögel flogen
in Schwärmen herbei
und erfüllten die Luft
mit ihrem Geschrei.

Und Gott sah,
dass es gut war,
was er gemacht hatte.
Er segnete die Fische und Vögel
und sprach:
„Vermehrt euch!
Legt Eier und brütet sie aus!
Wasser und Luft
sollen von euch erfüllt sein.“

Wieder wurde es Abend.
Der fünfte Tag war vorüber.

Und Gott sprach:
„Auch auf dem trockenen Land
sollen allerlei Tiere leben.“

Und so geschah es:
Gott schuf die Tiere,
die auf dem Land leben,
große und kleine,
flinke und lahme,
wilde und zahme,
alles, was kriecht
und was Beine hat.

Und Gott sah,
dass es gut war,
was er gemacht hatte.

Zuletzt aber schuf Gott
den Menschen.
Gott sprach:
„Ich will Menschen machen,
die mir gleichen.
Über alle Tiere
will ich sie stellen.“

Und Gott schuf den Menschen
nach seinem Bild:
Mann und Frau.

Und Gott segnete sie
und sprach:
„Vermehrt euch!
Breitet euch aus über die Erde!
Alles, was ich gemacht habe,
soll für euch da sein,
die Bäume und die Früchte,
die Fische und die Vögel
und die Tiere auf dem Land.
Alles soll euch gehören,
euch und allen Menschen,
die auf der Erde leben werden.
Aber ihr sollt mir gehören!“

Und Gott sah auf alles,
was er gemacht hatte:
Es war alles sehr gut.

Da wurde es Abend.
Der sechste Tag war vorüber.

Am siebten Tag aber ruhte Gott
und vollendete sein Werk.
Gott segnete den siebten Tag
und sprach:
„Dieser Tag soll mein Tag sein.
Alle Arbeit soll ruhen
an diesem Tag!“

So wurden Himmel und Erde
durch Gott geschaffen.
Alles, was in dieser Welt ist,
kommt von ihm.

1. Mose 1– 2,4
Irmgard Weth

Station 1 — Achtsamkeitsübung zur Schöpfung B (1)

▶ **Suche einen schönen Gegenstand in der Natur. Zeichne ihn genau ab.**

▶ **Schreibe über den Gegenstand. Warum hast du ihn ausgesucht? Was findest du daran schön?**

Achtsamkeitsübung zur Schöpfung **B (2)**

▶ **Schließe deine Augen. Was hörst du? Schreibe es auf. Wiederhole die Aufgabe an zwei anderen Orten.**

Erster Ort

Zweiter Ort

Dritter Ort

Achtsamkeitsübung zur Schöpfung **B (3)**

▶ **Suche zwei unterschiedliche Gegenstände in der Natur. Schließe die Augen und fahre mit deinen Fingern über die Gegenstände. Wie fühlen sie sich an? Schreibe es auf.**

Gegenstand 1:	Gegenstand 2:

Die Schöpfung mit allen Sinnen erfahren

C

▶ **Schneide drei Streifen aus. Gehe nach draußen und bearbeite die Aufgaben.**

Suche zwei Gänseblümchen. Wie sehen sie aus?

Suche ein Blatt. Wie riecht es?

Hebe einen größeren Stein oder Ast hoch. Was befindet sich darunter?

Lege dich mit dem Rücken ins Gras. Schließe die Augen. Wie fühlt es sich an?

Schaue in den Himmel. Siehst du Wolken? Welche Form haben sie?

Schließe die Augen. Fühlst du den Wind? Wie fühlt er sich an?

Suche einen besonders schönen Ast. Warum findest du ihn schön?

Umarme einen Baum. Wie fühlt er sich an?

Schließe die Augen. Wie viele Geräusche hörst du?

Verstecke dich in einem Gebüsch. Wie fühlst du dich in deinem Versteck?

Suche eine Frucht. Wie sieht sie aus?

Suche eine Blume. Wie riecht sie?

Stelle dich unter einen Baum. Schließe die Augen. Was hörst du?

Laufe barfuß über zwei verschiedene Untergründe. Was fühlst du?

Pflücke eine Pusteblume und puste. Was passiert mit den Samen?

Der erste Tag: Licht und Dunkelheit A

▶ **Lies den Text.**

Am Anfang erschuf Gott Himmel und Erde. Zuerst gab es auf der Erde nur Wasser. Und es war überall dunkel. Doch dann erschuf Gott das Licht. Und es wurde hell über der Erde. Gott nannte das Licht „Tag“. Und die Dunkelheit nannte er „Nacht“.

▶ **Male zwei passende Bilder. Ein Bild für den Tag und ein Bild für die Nacht.**

Tag

Nacht

▶ **Lies den Text und male passende Bilder zu den unterstrichenen Sätzen.**

Am Anfang

Am Anfang
schuf Gott Himmel und Erde.

Noch war die Erde öde
und ohne Leben.
Wasser bedeckte das Land.
Und es war überall dunkel.

Da sprach Gott:
„Es werde Licht!“

Und es geschah,
wie Gott gesagt hatte:
Über der Erde wurde es hell.

Und Gott sah,
dass das Licht gut war.
Er trennte das Licht von dem Dunkel.
Und er nannte das Licht „Tag“.
Und das Dunkel nannte er „Nacht“.

Da wurde es Abend.
Die Erde lag wieder im Dunkeln.
Der erste Tag war vorüber.

Irmgard Weth

Der erste Tag: Licht und Dunkelheit A

▶ **Lies den Text.**

Am Anfang

Am Anfang
schuf Gott Himmel und Erde.

Noch war die Erde öde
und ohne Leben.
Wasser bedeckte das Land.
Und es war überall dunkel.

Da sprach Gott:
„Es werde Licht!“

Und es geschah,
wie Gott gesagt hatte:
Über der Erde wurde es hell.

Und Gott sah,
dass das Licht gut war.
Er trennte das Licht von dem Dunkel.
Und er nannte das Licht „Tag“.
Und das Dunkel nannte er „Nacht“.

Da wurde es Abend.
Die Erde lag wieder im Dunkeln.
Der erste Tag war vorüber.

Irmgard Weth

▶ **Wofür sind der Tag und die Nacht wichtig? Schreibe deine Gedanken auf.**

Tag	Nacht
	Einige Tiere jagen in der Nacht.

Der zweite Tag: Der Himmel

B

▶ **Lies den Text.**

Am zweiten Tag sagte Gott: „Über der Erde soll ein Himmel entstehen.“ Und so geschah es. Über der Erde entstand ein Himmel.

▶ **Male ein Bild vom zweiten Tag.**

Station 2 Der zweite Tag: Der Himmel B

▶ **Lies den Text und kreise die richtigen Wörter ein.**

Und Gott sprach:
„Über der **Erde Sonne**
soll ein **Himmel Meer** entstehen!"

Und so geschah es:
Jesus Gott spannte das Firmament
über die Erde
und nannte es **„Meer" „Himmel"**.

Und Gott sah,
dass es **schlecht gut** war,
was er gemacht hatte.

Wieder wurde es **Abend Tag**.
Der **zweite dritte Tag** war vorüber.

Irmgard Weth

▶ **Schreibe den Text mit den richtigen Wörtern ab.**

Station 2

Der zweite Tag: Der Himmel

B

▶ **Lies den Text.**

Und ttoG sprach:
„Über der edrE
soll ein lemmiH entstehen!“

Und so hahcseg es:
ttoG spannte das tnemamriF
über die edrE
und nannte es „lemmiH“.

Und Gott sah,
dass es tug war,
was er thcameg hatte.

Wieder wurde es dnebA.
Der etiewz gaT war vorüber.

Irmgard Weth

▶ **Einige Buchstaben sind durcheinandergeraten. Sortiere sie und schreibe den Text ab.**

Der dritte Tag: Das Meer und das Land

C

▶ **Lies den Text.**

Am dritten Tag trennte Gott das Wasser und das trockene Land. Das Wasser ging zurück und das trockene Land trat hervor. Gott nannte das trockene Land „**Land**“. Und er nannte das Wasser „**Meer**“. Dann erschuf Gott die Pflanzen. Es wuchsen viele **Gräser**, **Kräuter** und **Bäume**.

▶ **Male die fett gedruckten Wörter. Diese Dinge hat Gott am dritten Tag erschaffen.**

Der dritte Tag: Das Meer und das Land

C

▶ **Lies den Text und unterstreiche die wichtigsten Wörter.**

Und Gott sprach:
„Alles Wasser soll weichen!“

Und so geschah es:
Das Wasser floss zusammen.
Und trockenes Land trat
aus dem Wasser hervor.
Und Gott nannte das Trockene „Land“.
Und das Wasser nannte er „Meer“.

Und Gott sprach:
„Das Land bringe hervor
Gräser und Kräuter
und Bäume aller Art.“

Und Gott sah,
dass es gut war,
was er gemacht hatte.

Wieder wurde es Abend.
Der dritte Tag war vorüber.

Irmgard Weth

▶ **Schreibe den Text ab. Ersetze die unterstrichenen Wörter durch Bilder.**

Und Gott sprach:

„Alles soll weichen!“

Station 2

Der dritte Tag: Das Meer und das Land

C

▶ **Lies den Text.**

Und Gott sprach:
„Alles Wasser soll weichen!“

Und so geschah es:
Das Wasser floss zusammen.
Und trockenes Land trat
aus dem Wasser hervor.
Und Gott nannte das Trockene „Land“.
Und das Wasser nannte er „Meer“.

Und Gott sprach:
„Das Land bringe hervor
Gräser und Kräuter
und Bäume aller Art.“

Und Gott sah,
dass es gut war,
was er gemacht hatte.

Wieder wurde es Abend.
Der dritte Tag war vorüber.

Irmgard Weth

▶ **Welche Kräuter und Bäume kennst du? Schreibe sie auf.**

Schnittlauch

Buche

Station 2

Der vierte Tag: Sonne, Mond und Sterne

D 

▶ **Lies den Text.**

Am vierten Tag erschuf Gott die Lichter am Himmel. Am Morgen ging die Sonne auf. Und am Abend leuchteten der Mond und viele Sterne am Himmel.

▶ **Male dich in das Bild. Male über dir alle Dinge, die Gott am vierten Tag erschaffen hat.**

Der vierte Tag: Sonne, Mond und Sterne

D

▶ **Lies den Text.**

Und Gott sprach:
„Lichter sollen am Himmel leuchten
bei Tag und bei Nacht!"

Und so geschah es:
Am Morgen ging die Sonne auf,
strahlend und hell.
Und am Abend leuchtete
der Mond am Himmel.

Und viele Sterne funkelten
in der dunklen Nacht.

Und Gott sah,
dass es gut war,
was er gemacht hatte.

Wieder wurde es Abend.
Der vierte Tag war vorüber.

Irmgard Weth

▶ **Wenn man eine Sternschnuppe sieht, darf man sich etwas wünschen. Was wünschst du dir? Schreibe nur Wünsche auf, die du nicht kaufen kannst.**

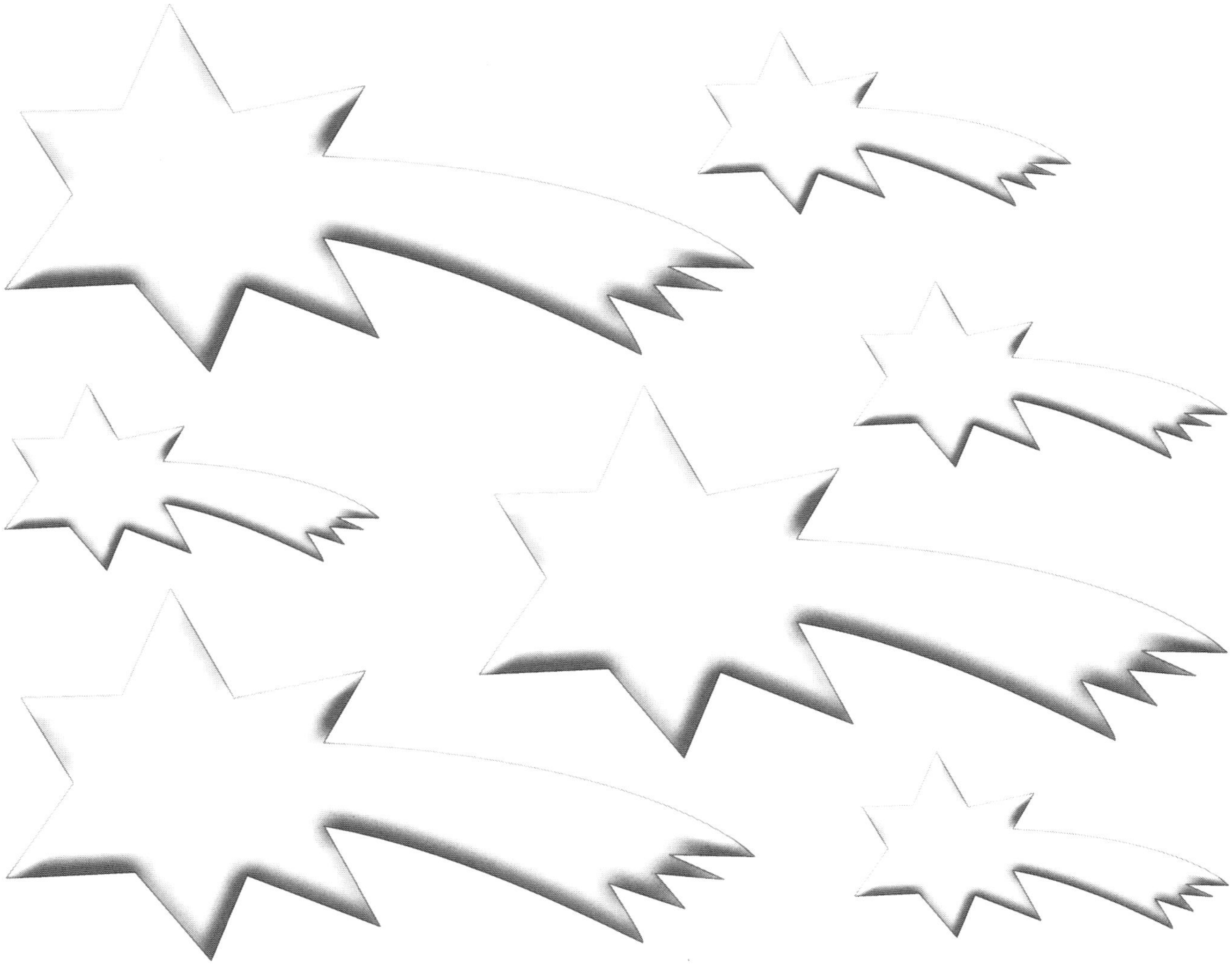

Der vierte Tag: Sonne, Mond und Sterne

D

▶ **Lies den Text.**

Und Gott sprach:
„Lichter sollen am Himmel leuchten
bei Tag und bei Nacht!“

Und so geschah es:
Am Morgen ging die Sonne auf,
strahlend und hell.
Und am Abend leuchtete
der Mond am Himmel.

Und viele Sterne funkelten
in der dunklen Nacht.

Und Gott sah,
dass es gut war,
was er gemacht hatte.

Wieder wurde es Abend.
Der vierte Tag war vorüber.

Irmgard Weth

Was wäre, wenn es die Sonne nicht geben würde?

Was wäre, wenn es den Mond nicht geben würde?

Was wäre, wenn es die Sterne nicht geben würde?

▶ **Schreibe deine Gedanken auf.**

Der fünfte Tag: Die Tiere der Luft und des Wassers E 

▶ **Lies den Text.**

Am fünften Tag sagte Gott: „Im Wasser und in der Luft sollen Tiere leben“. Und so geschah es. In der Luft flogen viele Vögel. Und im Wasser schwammen viele kleine und große Tiere.

▶ **Schreibe den Namen der Tiere unter die Bilder.**

die Amsel – der Karpfen – die Möwe – die Taube – die Qualle – der Aal

____________________ ____________________

____________________ ____________________

____________________ ____________________

Station 2

Der fünfte Tag: Die Tiere der Luft und des Wassers

E

▶ **Lies den Text und unterstreiche die neun wichtigsten Wörter.**

Und Gott sprach:
„Tiere sollen das Wasser
und die Luft mit Leben erfüllen!"

Und so geschah es:
Im Wasser wimmelte es bald
von allerlei Tieren,
großen und kleinen Fischen.

Und Vögel flogen
in Schwärmen herbei
und erfüllten die Luft
mit ihrem Geschrei.

Und Gott sah,
dass es gut war,
was er gemacht hatte.
Er segnete die Fische und Vögel
und sprach:
„Vermehrt euch!
Legt Eier und brütet sie aus!
Wasser und Luft
sollen von euch erfüllt sein."

Wieder wurde es Abend.
Der fünfte Tag war vorüber.

Irmgard Weth

▶ **Finde die neun Wörter im Suchsel.**

R	W	Z	B	V	M	K	H	B	Z	R	T	L
S	Q	R	W	R	G	O	T	T	B	V	C	E
D	A	W	A	F	C	N	Z	T	R	F	A	G
V	Y	Q	S	Z	H	V	W	P	R	E	B	B
B	X	X	S	U	N	Ö	T	V	V	W	E	H
M	F	Y	E	J	T	G	H	E	G	V	N	J
T	I	E	R	E	X	E	N	R	R	C	D	K
C	S	E	D	E	T	L	K	M	D	F	K	Z
V	C	D	C	W	Z	K	I	E	E	J	L	T
X	H	C	L	U	F	T	L	H	E	I	E	R
Y	E	X	V	D	V	B	N	R	E	F	G	S
B	Ö	L	O	P	W	S	Q	T	C	V	W	A

Station 2 | Der fünfte Tag: Die Tiere der Luft und des Wassers

E

▶ **Lies den Text.**

Und Gott sprach:
„Tiere sollen das Wasser
und die Luft mit Leben erfüllen!"

Und so geschah es:
Im Wasser wimmelte es bald
von allerlei Tieren,
großen und kleinen Fischen.

Und Vögel flogen
in Schwärmen herbei
und erfüllten die Luft
mit ihrem Geschrei.

Und Gott sah,
dass es gut war,
was er gemacht hatte.
Er segnete die Fische und Vögel
und sprach:
„Vermehrt euch!
Legt Eier und brütet sie aus!
Wasser und Luft
sollen von euch erfüllt sein."

Wieder wurde es Abend.
Der fünfte Tag war vorüber.

Irmgard Weth

▶ **Was stimmt, was stimmt nicht? Kreise die richtigen Zahlen ein.**

	☺	☹
Gott wollte, dass es keine Tiere gibt auf der Welt.	31	16
Im Wasser wimmelte es bald von allerlei Tieren.	8	22
Gott wollte am fünften Tag auch den Mensch erschaffen.	17	35
Die Vögel flogen in Herden herbei.	12	30
Die Vögel sollten Eier legen und diese ausbrüten.	39	26
Die Fische waren nur klein.	2	24
Gott wollte, dass die Fische und Vögel sich vermehren.	1	20
Gott wollte, dass Tiere im Wasser und in der Luft leben.	11	27
Gott war nicht zufrieden mit dem, was er erschaffen hatte.	14	21
Am fünften Tag wurde es nicht Abend.	6	29
Die Vögel erfüllten die Luft mit ihrem Geschrei.	36	33
Gott segnete die Fische und Vögel	7	5

▶ **Male die Felder mit den Lösungszahlen an. Welches Tier siehst du?**

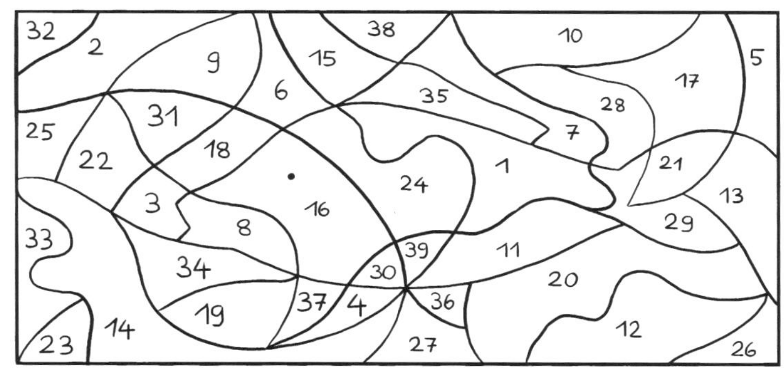

Der sechste Tag: Die Tiere des Landes und der Mensch

F 

▶ **Lies den Text.**

Am sechsten Tag erschuf Gott die Tiere, die auf dem Land leben. Überall waren große und kleine Tiere. Dann erschuf Gott den Menschen. Und er stellte den Menschen über die Tiere.

▶ **Schneide alles aus, was Gott am sechsten Tag erschuf. Klebe die Bilder an die richtige Stelle.**

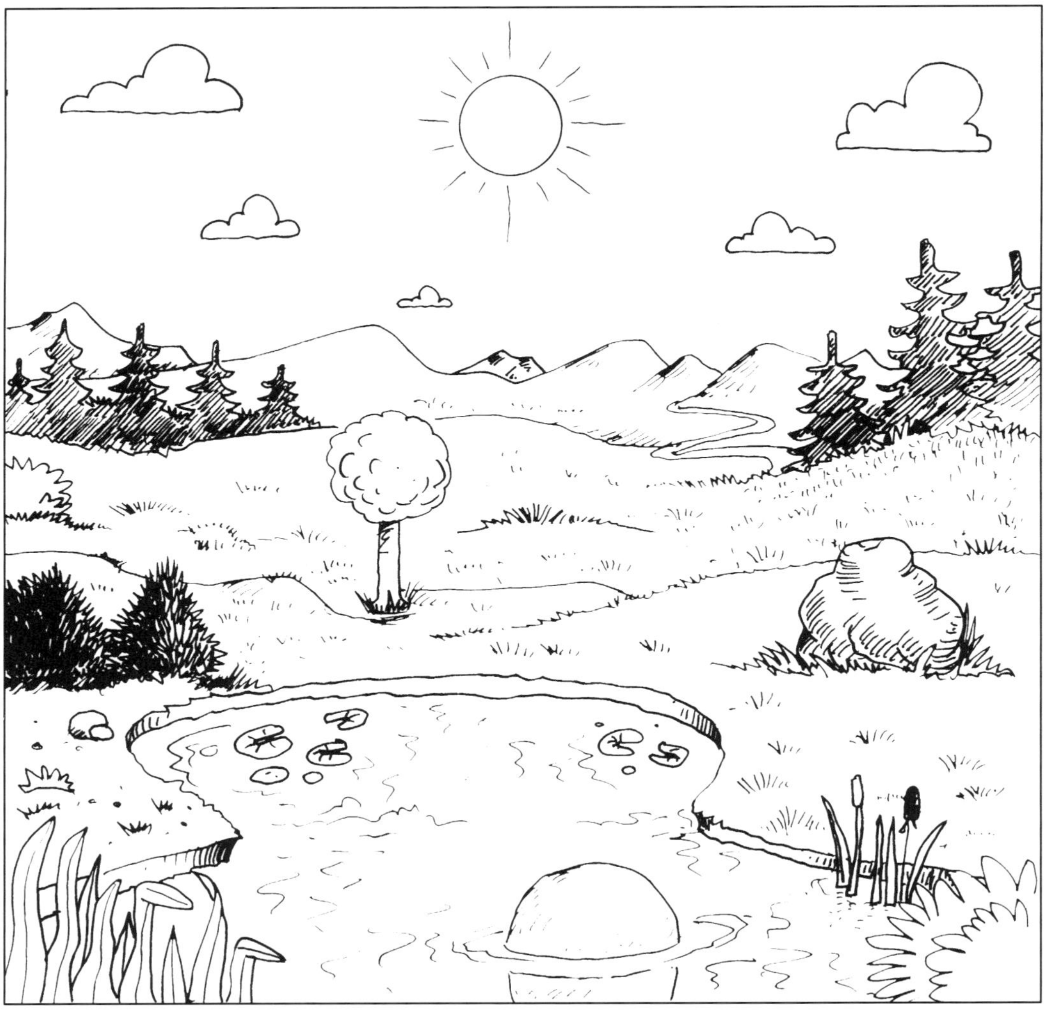

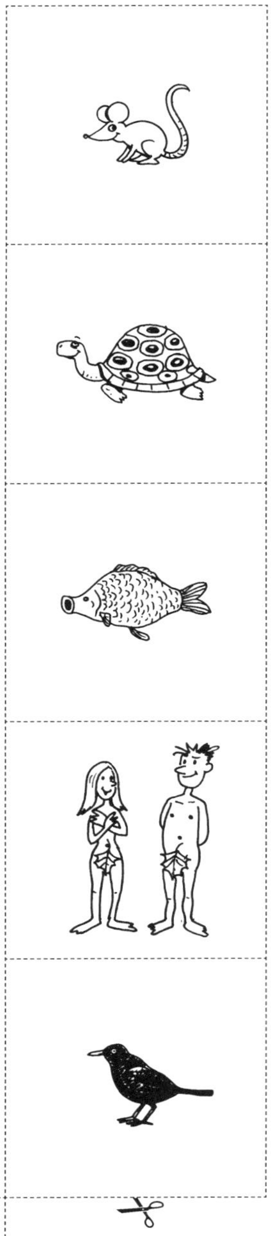

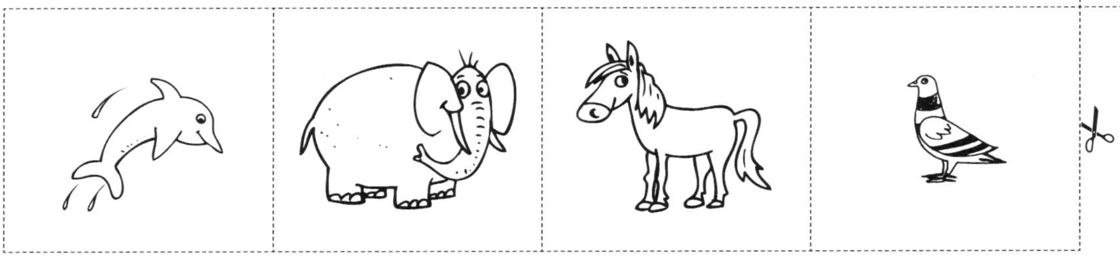

Der sechste Tag: Die Tiere des Landes und der Mensch

F

▶ **Lies den Text und setze die Wörter in den Lückentext.**

Vermehrt | fünfte | Tiere | Menschen | gut | Frau | Bäume | Vögel | mir | Land

Und Gott sprach:
„Auch auf dem trockenen Land
sollen allerlei ____________ leben."

Und so geschah es:
Gott schuf die Tiere,
die auf dem __________ leben,
große und kleine,
flinke und lahme,
wilde und zahme,
alles, was kriecht
und was Beine hat.

Und Gott sah,
dass es _______ war,
was er gemacht hatte.

Zuletzt aber schuf Gott
den ____________________.
Gott sprach:
„Ich will Menschen machen,
die mir gleichen.
Über alle Tiere
will ich sie stellen."

Und Gott schuf den Menschen
nach seinem Bild:
Mann und __________.

Und Gott segnete sie
und sprach:
„____________________ euch!
Breitet euch aus über die Erde!
Alles, was ich gemacht habe,
soll für euch da sein,
die _____________ und die Früchte,
die Fische und die ___________
und die Tiere auf dem Land.
Alles soll euch gehören,
euch und allen Menschen,
die auf der Erde leben werden.
Aber ihr sollt _______ gehören!"

Und Gott sah auf alles,
was er gemacht hatte:
Es war alles sehr gut.

Da wurde es Abend.
Der ______________ Tag war vorüber.

Irmgard Weth

Station 2

Der sechste Tag: Die Tiere des Landes und der Mensch

F

▶ **Lies den Text.**

Und Gott sprach:
„Auch auf dem trockenen Land
sollen allerlei Tiere leben."

Und so geschah es:
Gott schuf die Tiere,
die auf dem Land leben,
große und kleine,
flinke und lahme,
wilde und zahme,
alles, was kriecht
und was Beine hat.

Und Gott sah,
dass es gut war,
was er gemacht hatte.

Zuletzt aber schuf Gott
den Menschen.
Gott sprach:
„Ich will Menschen machen,
die mir gleichen.
Über alle Tiere
will ich sie stellen."

Und Gott schuf den Menschen
nach seinem Bild:
Mann und Frau.

Und Gott segnete sie
und sprach:
„Vermehrt euch!
Breitet euch aus über die Erde!
Alles, was ich gemacht habe,
soll für euch da sein,
die Bäume und die Früchte,
die Fische und die Vögel
und die Tiere auf dem Land.
Alles soll euch gehören,
euch und allen Menschen,
die auf der Erde leben werden.
Aber ihr sollt mir gehören!"

Und Gott sah auf alles,
was er gemacht hatte:
Es war alles sehr gut.

Da wurde es Abend.
Der sechste Tag war vorüber.

Irmgard Weth

▶ **Schreibe Tiere auf, die zu dem fett gedruckten Text passen. Kreise die Tiere ein, wenn es sie nicht so oft auf der Welt gibt.**

Der siebte Tag: Ausruhen

G

▶ **Lies den Text.**

Am siebten Tag brachte Gott die Schöpfung zu Ende. Er war sehr zufrieden. Weil er so viel getan hatte, ruhte Gott sich aus. Er wünschte sich, dass alle Menschen sich immer am siebten Tag ausruhen und an ihn denken.

▶ **Wie ruhst du dich aus? Male ein Bild.**

Station 2 Der siebte Tag: Ausruhen G

▶ **Lies den Text.**

Am siebten Tag aber ruhte Gott
und vollendete sein Werk.
Gott segnete den siebten Tag
und sprach:
„Dieser Tag soll mein Tag sein.
Alle Arbeit soll ruhen
an diesem Tag!“

Irmgard Weth

▶ **Am siebten Tag ruhte sich Gott aus. Du darfst dich jetzt auch entspannen. Schneide den Würfel aus und klebe ihn zusammen. Würfele und mache drei Entspannungsübungen.**

Reibe deine Handflächen schnell aneinander. Lege sie auf dein Gesicht.

Schließe deine Augen. Denke an einen schönen Ort.

Massiere sanft deinen Kopf.

Schüttele deine Arme und deine Beine aus.

Kneife alle Muskeln in deinem Gesicht zusammen. Entspanne dann dein Gesicht.

Lege deine Hand auf den Bauch. Atme fünfmal tief ein und aus.

Station 2 Der siebte Tag: Ausruhen G

▶ **Lies den Text.**

Gott war sehr zufrieden mit dem, was er erschaffen hatte. Alles kommt von ihm. Darum ruhte er am siebten Tag. Gott beschloss, dass die Menschen sich auch am siebten Tag ausruhen sollen. An diesem Tag sollen sie nicht arbeiten. Sie sollen sich der Schöpfung bewusst sein.

▶ **Viele Menschen nutzen den siebten Tag der Woche, um sich auszuruhen und Gott zu danken für die guten Dinge auf dieser Welt. Schreibe in die Weltkugel, wofür du dankbar bist.**

▶ **Schaue dir das Bild genau an. Schreibe alles, was du über die Schöpfung weißt, um das Bild herum.**

Die Schöpfungsgeschichte zusammensetzen

B

▶ **Schneide die Puzzleteile aus und setze sie in der richtigen Reihenfolge zusammen. Denke dabei an die Schöpfungstage. Gib jedem Puzzleteil eine Überschrift.**

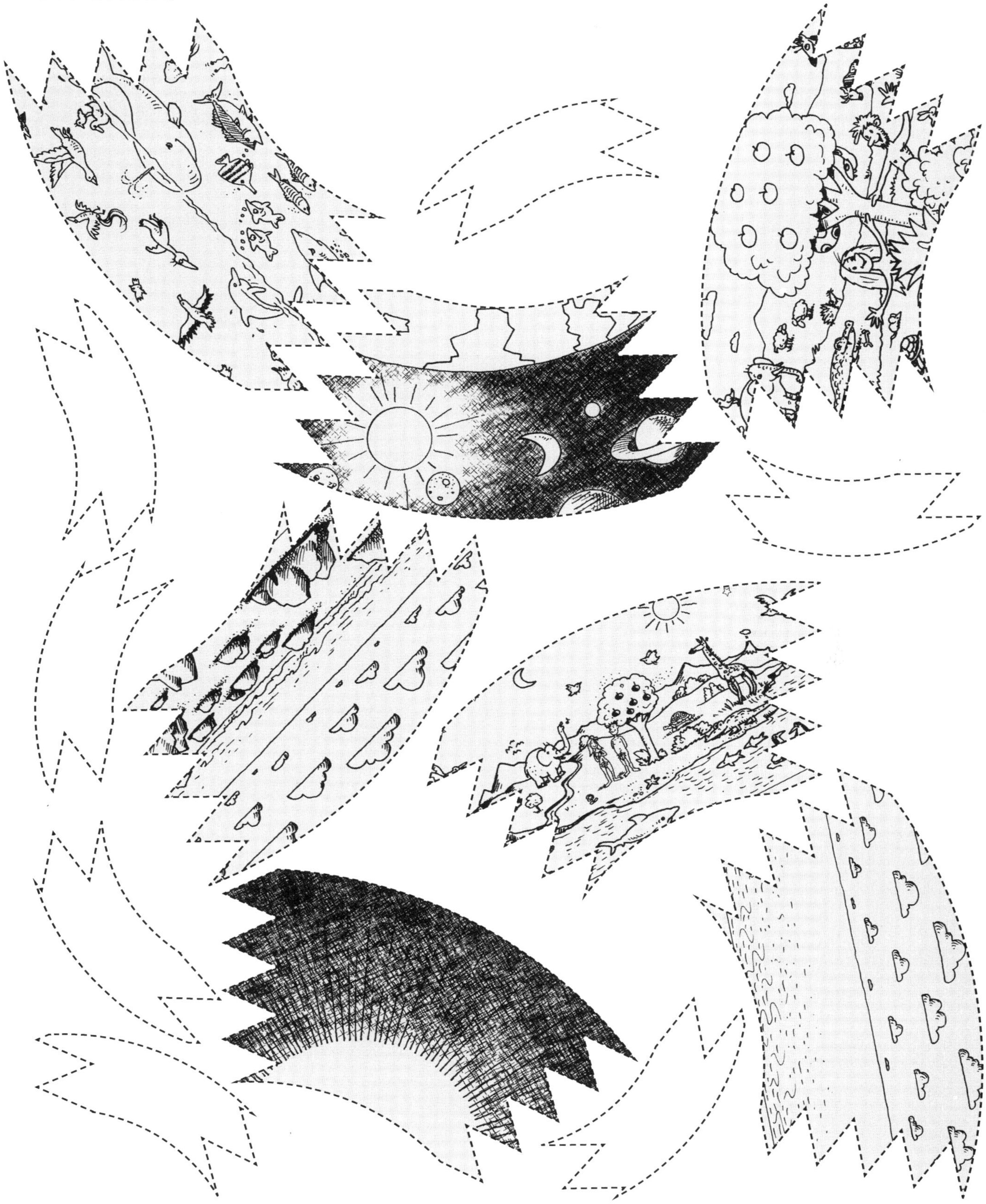

Die Schöpfungsgeschichte als Leporello

C

▶ **Schneide die Karten aus. Sortiere die Karten und klebe sie aneinander. Male passende Bilder auf die Rückseite.**

Am Anfang schuf Gott Himmel und Erde. Er machte das Licht und die Dunkelheit.

Gott ließ über der Erde den Himmel entstehen.

Gott machte das Land und das Meer.

Gott schuf die Sonne, den Mond und die Sterne.

Gott machte die Tiere des Wassers und der Luft.

Gott schuf die Tiere, die auf dem Land leben, und den Menschen.

Gott sah, dass alles gut war und ruhte sich aus.

Die Schöpfungsgeschichte zusammensetzen

D

▶ **Was erschuf Gott an welchem Tag? Lies die Texte und schreibe den richtigen Tag darüber.**

Und Gott sprach:
„Das Land bringe hervor
Gräser und Kräuter
und Bäume aller Art.“
Irmgard Weth

Und Gott sprach:
„Auch auf dem trockenen Land
sollen allerlei Tiere leben.“
Irmgard Weth

Und Gott sprach:
„Tiere sollen das Wasser
und die Luft mit Leben erfüllen!“
Irmgard Weth

Und Gott sah, dass das Licht gut war.
Er trennte das Licht von dem Dunkel.
Und er nannte das Licht „Tag“.
Und das Dunkel nannte er „Nacht“.
Irmgard Weth

„Dieser Tag soll mein Tag sein.
Alle Arbeit soll ruhen
an diesem Tag!“
Irmgard Weth

Und so geschah es:
Am Morgen ging die Sonne auf,
strahlend und hell.
Und am Abend leuchtete
der Mond am Himmel.
Und viele Sterne funkelten
in der dunklen Nacht.
Irmgard Weth

Und Gott sprach:
„Über der Erde
soll ein Himmel entstehen!“
Irmgard Weth

Die Schöpfung bewahren

A

▶ **Lies den Text.**

Gott wollte, dass die Menschen die Schöpfung bewahren. Der Mensch soll also gut mit Pflanzen, Tieren, Wasser, Luft und den anderen Menschen umgehen und darauf aufpassen.

▶ **Wie kann man die Schöpfung bewahren? Male die richtigen Bilder an.**

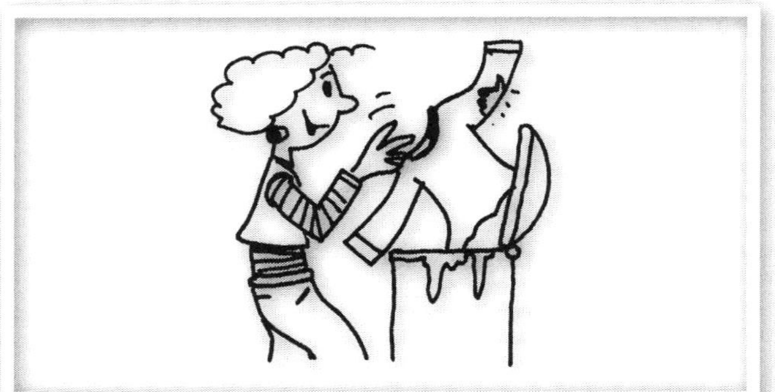

Die Schöpfung bewahren

A

▶ **Lies den Text.**

Gott gab den Menschen einen Auftrag. Die Menschen sollen sich vermehren und sie sollen sich über die Welt ausbreiten. Gott gab ihnen alles, was sie dazu brauchen. Er gab den Menschen auch den Auftrag, die Schöpfung zu bewahren. Das bedeutet, dass der Mensch gut mit allem umgehen muss, was Gott erschaffen hat.

▶ **Wie kann man die Schöpfung bewahren? Kreuze die richtige Antwort an.**

☐ Ich fahre mit dem Fahrrad zur Schule, um die Luft nicht zu verschmutzen.
☐ Ich werde mit dem Auto zur Schule gebracht, um schneller dort zu sein.

☐ Ich dusche lang, um richtig sauber zu werden.
☐ Ich dusche kurz, um Wasser zu sparen.

☐ Ich pflücke viele Wildblumen, weil ich einen Blumenstrauß haben will.
☐ Ich pflücke keine Wildblumen, weil sie für viele Tiere wichtig sind.

☐ Im Winter hänge ich Futter für die Vögel auf, damit sie etwas zu essen haben.
☐ Im Sommer hänge ich Futter für die Vögel auf, damit sie kein Essen suchen müssen.

☐ Wenn ich mich mit jemandem streite, vertragen wir uns danach.
☐ Wenn ich mich mit jemandem streite, sprechen wir danach nicht mehr miteinander.

▶ **Fallen dir noch andere Beispiele ein? Schreibe sie auf.**

▶ **Lies den Text.**

Gott gab den Menschen einen Auftrag. Die Menschen sollen sich vermehren und sie sollen sich über die Welt ausbreiten. Gott gab ihnen alles, was sie dazu brauchen. Gott gab den Menschen auch den Auftrag, die Schöpfung zu bewahren. Das bedeutet, dass der Mensch gut mit allem umgehen muss, was Gott erschaffen hat.

▶ **Wie kann man die Schöpfung bewahren? Schreibe und male.**

keinen Müll in die Natur werfen

Station 4 | Meine bessere Welt | B

▶ **Was würdest du an der Welt verändern wollen? Schreibe und male deine Gedanken auf.**

Die Schlange

Adam und Eva hießen die Menschen,
die Gott geschaffen hatte.
Sie lebten miteinander in Frieden.
Sie kannten keine Angst
und auch keine Schmerzen.
Es fehlte ihnen an nichts.
Gott war bei ihnen
und sorgte für sie
wie ein Vater für seine Kinder.

Alles hatte Gott
den Menschen gegeben.
Alles, was im Garten wuchs,
durften sie ernten und essen.
Nur eines hatte Gott verboten:
Mitten im Garten
stand ein besonderer Baum,
der „Baum der Erkenntnis".
Wer von diesem Baum aß,
wusste, was gut und böse ist.
Dieser Baum gehörte nur Gott.
Gott hatte zu Adam gesagt:
„Alle Früchte dürft ihr essen.
Aber von diesem Baum
sollt ihr keine Frucht essen.
Sonst werdet ihr sterben."

Aber eines Tages geschah es:
Eva ging mit Adam im Garten umher.
Plötzlich hörte sie eine Stimme.
Sie schaute sich um.
Da entdeckte sie eine Schlange.
Die sah sie listig an
und flüsterte ihr zu: „Wie?
Dürft ihr keine Früchte essen?
Hat Gott das gesagt?"

„Aber nein", widersprach Eva.
„Alles dürfen wir essen.
Nur von dem Baum in der Mitte
sollen wir nichts essen.
Gott hat gesagt:
‚Esst nicht davon!
Rührt seine Früchte nicht an!
Sonst müsst ihr sterben.'"

Aber die Schlange flüsterte:
„Nein, glaub mir!
Ihr werdet nicht sterben.
Sondern ihr werdet
wie Gott sein,
so klug wie Gott selbst."

Da sah Eva den Baum an.
Wie seine Früchte lockten!
Eva streckte die Hand aus,
pflückte eine Frucht,
biss hinein
und gab sie ihrem Mann.
Der nahm die Frucht
und aß auch davon.

Auf einmal gingen
den beiden die Augen auf.
Plötzlich erkannten sie,
dass die Schlange sie betrogen hatte.
Sie schauten sich erschrocken an.
Da sahen sie, dass sie nackt waren.
Schnell rissen sie
ein paar Feigenblätter ab
und banden sie sich um.

Paradies und Sündenfall zum Vorlesen

A (2)

Schon kam der Abend heran.
Da hörten sie,
wie Gott durch den Garten ging.
Voll Angst liefen sie davon
und versteckten sich
zwischen den Bäumen.

Aber Gott hatte sie längst gesehen.
„Adam“, rief er, „wo bist du?“
Zitternd kam Adam
aus seinem Versteck hervor.
„Adam“, sprach Gott,
„hast du von dem Baum gegessen?“
„Ja“, gab Adam zu,
„ich habe es getan.
Aber Eva war schuld daran.
Sie gab mir die Frucht.“

„Eva“, sprach Gott,
„warum hast du das getan?“
„Ich war nicht schuld“,
wehrte sich Eva.
„Die Schlange war schuld.
Sie hat mir gesagt,
dass ich von dem Baum essen darf.“

Da sprach Gott zur Schlange:
„Verflucht sollst du sein,
weil du das getan hast.
Die Tiere werden dir
aus dem Weg gehen
und die Menschen dir feind sein.“

Und zu Eva sprach Gott:
„Du wirst viel Mühe haben
in deinem Leben.
Kinder wirst du gebären,
aber mit Schmerzen.“

Und zu Adam sprach er:
„Auch du wirst es schwer haben.
Felder wirst du bebauen.
Aber Dornen und Disteln
werden darauf wuchern.
Und deine Arbeit
wird dich viel Schweiß kosten.“

Nun war mit einem Mal
das Leben mit Gott zu Ende.
Adam und Eva mussten
den Garten verlassen.
Gott selbst wies sie hinaus.
Gerne wären die beiden
wieder zurückgekehrt.
Aber Engel mit feurigen Schwertern
bewachten den Zugang zum Garten.

Doch Gott ließ auch jetzt
seine Menschen nicht los.
Er erhielt sie am Leben
und gab ihnen alles,
was sie zum Leben brauchten:
Kleider aus Fellen,
um sie vor Kälte zu schützen,
und Korn und Früchte,
um ihren Hunger zu stillen.

Aber der Tag war noch fern,
an dem Gott selbst
zu den Menschen kommen würde,
um sich mit ihnen zu verbinden
für immer.

1. Mose 3
Irmgard Weth

Paradies und Sündenfall

B

▶ **Lies den Text.**

Im Paradies lebten Menschen und Tiere miteinander in Frieden. Sie hatten keine Angst und keine Schmerzen. Und sie hatten alles, was sie wollten.

▶ **Wie stellst du dir das Paradies vor? Male es.**

▶ **Schaue dir die Bilder an und schreibe zu jedem Bild einen Satz.**

▶ **Schneide die Texte und die Bilder aus. Bringe die Bilder in die richtige Reihenfolge und lege den passenden Text dazu.**

(3)

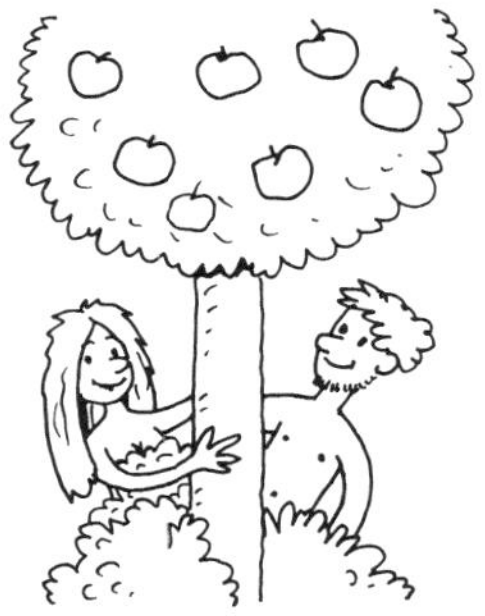

(4)

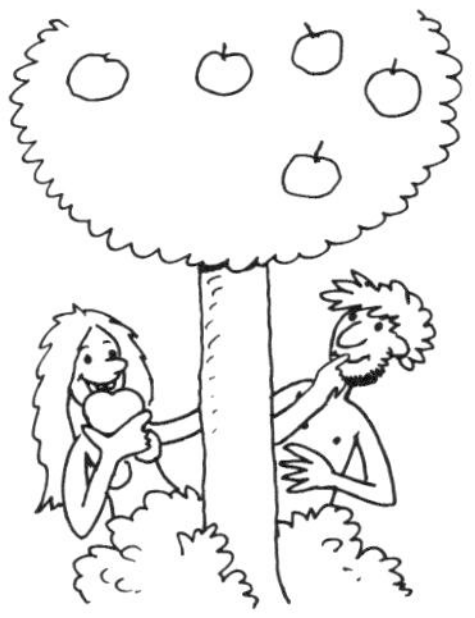

(2)

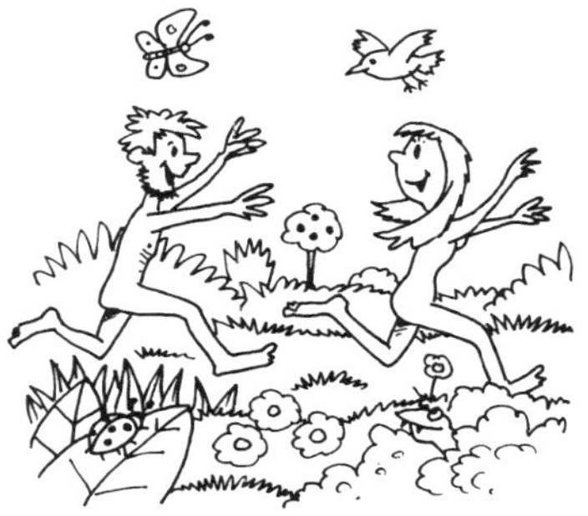

(1)

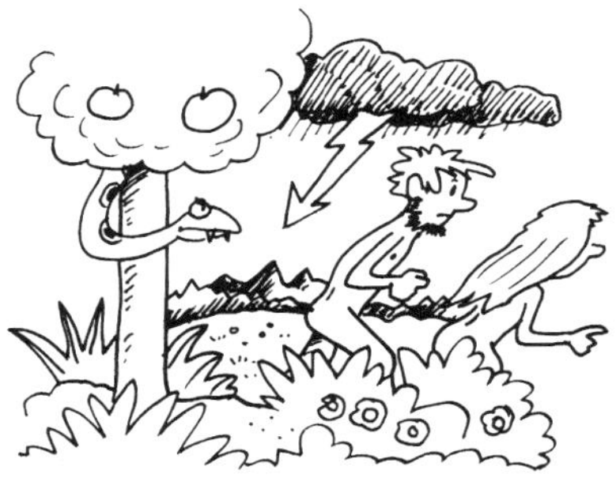

(5)

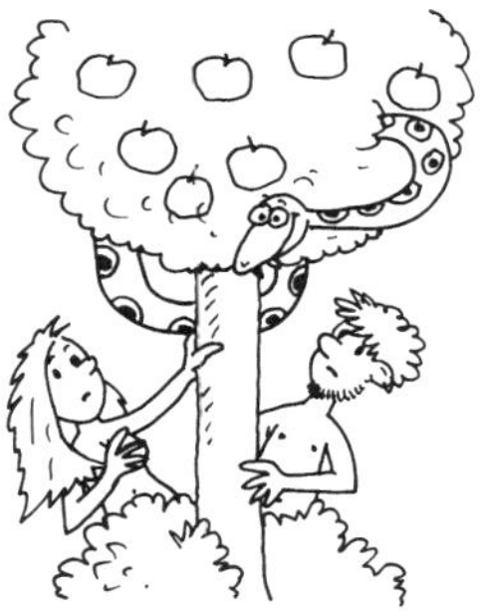

A Eva streckte die Hand aus,
pflückte eine Frucht,
biss hinein
und gab sie ihrem Mann.
Irmgard Weth

E Gott hatte zu Adam gesagt:
„Alle Früchte dürft ihr essen.
Aber von diesem Baum
sollt ihr keine Frucht essen.
Sonst werdet ihr sterben."
Irmgard Weth

D Nun war mit einem Mal
das Leben mit Gott zu Ende.
Adam und Eva mussten
den Garten verlassen.
Irmgard Weth

C Aber die Schlange flüsterte:
„Nein, glaub mir!
Ihr werdet nicht sterben.
Sondern ihr werdet
wie Gott sein,
so klug wie er selbst."
Irmgard Weth

B Adam und Eva hießen die Menschen,
die Gott geschaffen hatte.
Sie lebten miteinander in Frieden.
Sie kannten keine Angst
und auch keine Schmerzen.
Irmgard Weth

Station 5

Die Sintflut

C

▶ **Lies den Text.**

Die Menschen dachten nicht mehr an Gott. Sie gingen nicht gut miteinander um. Und sie zerstörten alles, was Gott erschaffen hatte. Gott ärgerte sich sehr über die Menschen.
Noah verhielt sich als Einziger gut. Gott gab Noah den Auftrag, ein Schiff zu bauen. Auf das Schiff durften von jedem Tier ein Paar und Noah mit seiner Familie. Dann schickte Gott eine Sintflut. Das ganze Land war unter Wasser. Als das Wasser wieder weg war, war die Welt so schön wie am Anfang. Noah dankte Gott. Und Gott versprach, dass er die Welt nie wieder zerstören wird.

▶ **Wie verhielten sich die Menschen? Schreibe auf.**

▶ **Male einen Regenbogen. Schreibe darauf, was Gott Noah versprochen hat.**

Die Sintflut

C

▶ **Lies den Text.**

Adam und Eva lebten weit entfernt von Gott. Sie bekamen Kinder und diese Kinder bekamen auch wieder Kinder. So entstand ein großes Volk.
Die Menschen dachten schon bald nicht mehr an Gott. Sie gingen nicht gut miteinander um und sie zerstörten alles, was Gott erschaffen hatte. Gott ärgerte sich sehr über die Menschen. Er beschloss, die Menschen und die Erde zu verderben.
Noah war anders als die anderen Menschen. Das gefiel Gott. Er gab Noah den Auftrag, ein großes Schiff zu bauen und von jedem Tier ein Paar auf das Schiff zu bringen. Auch die Familie von Noah durfte mit an Bord.
Dann schickte Gott eine schwere Sintflut. Es regnete vierzig Tage lang und das ganze Land war unter Wasser. Nach vielen Wochen verschwand das Wasser langsam wieder. Die Welt war wieder so schön wie am Anfang.
Noah dankte Gott dafür, dass er seine Familie und die Tiere gerettet hatte. Dann sah er einen Regenbogen am Himmel. Das war ein Zeichen von Gott.
Er versprach damit, dass er die Welt nie wieder zerstören wird.

▶ **Beantworte die Fragen mit deinen eigenen Worten.**

Warum ärgerte sich Gott über die Menschen?

____

____

____

Warum schickte Gott die Sintflut?

____

____

____

Was versprach Gott?

____

____

____

Die Entwicklung des Lebens auf der Erde

A 

▶ **Lies den Text.**

Wissenschaftler glauben, dass unsere Erde aus einer riesigen Wolke aus Staub und Gas entstanden ist. Das war vor 4 600 Millionen Jahren. Am Anfang war die Erde noch sehr heiß. Sie kühlte im Laufe vieler Jahre langsam ab.
Die ersten Tiere gab es vor ungefähr 2 500 Millionen Jahren. Das waren Würmer.
Im Laufe vieler Jahre entwickelten sich Tiere auf dem Land und in der Luft.
Der Mensch hat sich zuletzt entwickelt.

▶ **Schneide die Bilder aus und sortiere sie. Dann siehst du, wie Wissenschaftler sich die Entwicklung des Lebens auf der Erde vorstellen.**

 Erste Insekten vor ca. 417 Millionen Jahren	 Dinosaurier vor ca. 144 Millionen Jahren
 Erste Säugetiere vor ca. 248 Millionen Jahren	 Erste Würmer und Algen vor ca. 2 500 Millionen Jahren
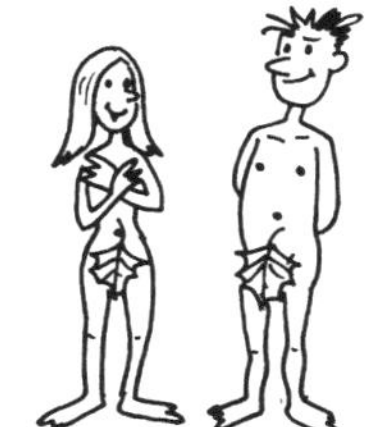 Erste Menschen vor ca. 1,8 Millionen Jahren	 Erste Fische vor ca. 495 Millionen Jahren
 Erste Vögel vor ca. 205 Millionen Jahren	 Erste Reptilien vor ca. 354 Millionen Jahren

Die Entwicklung des Lebens auf der Erde

A  

▶ Lies das Interview.

Mia: Hallo Professor Schneider. In einer Zeitschrift stand, dass die Erde schon sehr alt ist.

Professor Schneider: Richtig. Wir Wissenschaftler glauben, dass unser Sonnensystem, zu dem die Erde und die anderen Planeten gehören, vor ungefähr 4 600 Millionen Jahren entstand.

Mia: Aber wie kann das Sonnensystem denn einfach entstehen?

Professor Schneider: Tja, das ist nicht so leicht zu beantworten. Wir vermuten, dass eine riesige Wolke aus Gas und Staub dafür verantwortlich war.

Mia: War denn sofort Leben auf der Erde?

Professor Schneider: Aber nein. Zu Anfang war unsere Erde noch sehr heiß, aber mit den Jahren kühlte sie sich langsam ab und es entstand die Erdkruste. Die ersten Tiere gab es vor ungefähr 2500 Millionen Jahren. Das waren wahrscheinlich Würmer.

Mia: Gab es gar keine anderen Tiere?

Professor Schneider: Zuerst gab es nur Leben im Wasser. Doch im Laufe der Zeit entwickelte sich auch Leben auf dem Land und in der Luft. Der Mensch entwickelte sich zuletzt.

Mia: Vielen Dank für alle Information! Das ist sehr spannend.

Die Entwicklung des Lebens auf der Erde **A**

▶ **Fülle den Lückentext aus.**

Mensch | heiß | Planeten | 2500 Millionen | Sonnensystem | Würmer | Wolke aus Gas und Staub | 4600 Millionen | auf dem Land

Wissenschaftler glauben, dass unser ______________________,
zu dem die Erde und andere ______________ gehören, vor ungefähr
________________________ Jahren entstand. Sie vermuten, dass eine
riesige ____ die Planeten
hervorbrachte.

Am Anfang war die Erde noch sehr __________, aber mit den Jahren kühlte sie sich ab. Vor ungefähr ______________________ Jahren gab es die ersten Tiere. Das waren ______________. Später entwickelte sich auch Leben ______________ ________ und in der Luft. Der ______________ entwickelte sich zuletzt.

▶ **Male ein Bild zur Entstehung der Erde.**

Die Entwicklung des Menschen

B

▶ **Lies den Text.**

Wissenschaftler glauben, dass der Mensch gemeinsame Vorfahren mit dem Affen hat. Dieser Vorfahre entwickelte sich langsam zum ersten Menschen. Im Laufe vieler Jahre entwickelte sich der heutige Mensch.

▶ **Schneide die Bilder aus und sortiere sie. Dann siehst du, wie Wissenschaftler sich die Entwicklung des Menschen vorstellen.**

Die Entwicklung des Menschen

B

▶ Lies das Interview und beantworte die Fragen.

Lukas:	Hallo Professor Schneider. Ich habe gehört, dass Wissenschaftler glauben, dass wir mit Affen verwandt sind?
Professor Schneider:	Das ist richtig! Wir Wissenschaftler glauben, dass der Mensch gemeinsame Vorfahren mit dem Affen hat.
Lukas:	Aber laufen wir dann nicht so wie Affen?
Professor Schneider:	Der gemeinsame Vorfahre hat sich immer weiterentwickelt, bis hin zum heutigen Menschen. Dabei haben sich viele Merkmale verändert. Wir nennen das auch „Evolution".
Lukas:	Hä? Das Wort habe ich ja noch nie gehört. Was bedeutet das?
Professor Schneider:	Evolution bedeutet, dass sich Lebewesen langsam verändern. Das passiert aber nicht von heute auf morgen. Es dauert viele Jahre.
Lukas:	Glauben Sie, dass nur der Mensch sich langsam entwickelt hat?
Professor Schneider:	Nein. Wir Wissenschaftler glauben, dass auch Pflanzen und Tiere sich langsam aus früheren Pflanzen und Tieren entwickelt haben.
Lukas:	Das ist sehr interessant! Vielen Dank für alle Information. Bis bald!

Wie stellen sich Wissenschaftler die Entstehung des Menschen vor?

____

____

Was bedeutet das Wort „Evolution"?

____

____

▶ Erkläre die Zeichnung mit deinen eigenen Worten.

____

Elfchen zur Schöpfung

A

▶ **Schaue dir die Bauform vom Elfchen an. Schreibe ein Elfchen über die Schöpfung.**

Elfchen sind kleine Gedichte. Sie bestehen aus nur 11 Wörtern und 5 Zeilen.

Bauform des Elfchens:

1. Zeile:	Eine Farbe oder Eigenschaft *1 Wort*	*Grün*
2. Zeile:	Ein Namenwort mit dieser Farbe oder Eigenschaft *2 Wörter*	*die Wiese*
3. Zeile:	Mehr über dieses Namenwort, was es tut oder was es ist *3 Wörter*	*herrlich viel los*
4. Zeile:	Etwas über dich selbst, beginnend mit „Ich“ *4 Wörter*	*ich genieße die Natur*
5. Zeile:	Abschlusswort *1 Wort*	*Vielfalt*

▶ **Male ein Bild zu deinem Elfchen.**

Domino zur Schöpfung

B

▶ **Schneidet die Karten aus, mischt sie und verteilt sie. Derjenige mit der Startkarte beginnt.**

START	Der zweite Tag
	Der fünfte Tag
	Der erste Tag
	Der siebte Tag
	Der dritte Tag
	Der sechste Tag
	Der vierte Tag
	ZIEL

Rätsel zur Schöpfung

C

▶ **Beantworte die Fragen und erhalte das Lösungswort.**

Schöpfung

1. Wer erschuf die Welt?
2. In wie vielen Tagen erschuf Gott die Welt?
3. Was hat Gott am letzten Tag gemacht?
4. Welchen Auftrag gab Gott den Menschen?
5. Was erschuf Gott am zweiten Tag?
6. Wie hieß der erste Mann?
7. Wie hieß die erste Frau?
8. Was erschuf Gott zuletzt: Tiere oder Menschen?
9. Was erschuf Gott am vierten Tag außer der Sonne und den Sternen?

1.			c															
2.				f														
3.				e			l											
4.							d						h			k		
5.					g													
6.			b															
7.			i															
8.			a			j												
9.			m															

a	b	c	d	e

f	g	h	i	j	k	l	m

Paradies und Sündenfall

1. Wo lebten Adam und Eva?
2. Von welchem Baum durften Adam und Eva nicht essen?
3. Wer hat Eva betrogen?
4. Was aßen Adam und Eva?
5. Wer schickte Adam und Eva aus dem Paradies?
6. Wer bewachte das Paradies?

1.		b					e													
2.						h				g				j						
3								i												
4.		c				d														
5.	a																			
6.		f																		

a	b	c	d	e	f

g	h	i	j

Station 7

Quiz zur Schöpfung D (1)

Spielvorbereitung

Schneidet die Karten aus und lege sie verdeckt auf einen Stapel.

Spielregeln

- Das erste Kind zieht eine Karte und liest die Frage vor.
- Wenn das andere Kind die Frage richtig beantwortet hat, bekommt es die Karte und das erste Kind muss eine weitere Frage vorlesen.
- Wenn das andere Kind die Frage falsch beantwortet, bekommt es die Karte nicht und muss eine Frage vorlesen.
- Derjenige mit den meisten Karten gewinnt.

Was erschuf Gott als Letztes?
Gott erschuf als Letztes den Menschen.
Was erschuf Gott am zweiten Tag?
Am zweiten Tag erschuf Gott den Himmel.
Welchen Auftrag gab Gott den Menschen?
Gott gab den Menschen den Auftrag, die Schöpfung zu bewahren.
Was erschuf Gott als Erstes?
Gott erschuf als Erstes Himmel und Erde.
Wie sah die Erde am ersten Tag aus?
Die Erde war bedeckt mit Wasser.
Was trennte Gott am dritten Tag voneinander?
Am dritten Tag trennte Gott das Wasser von dem trockenen Land.

Was erschuf Gott am dritten Tag?

Am dritten Tag erschuf Gott Gräser, Kräuter und Bäume.

Was erschuf Gott am vierten Tag?

Am vierten Tag erschuf Gott die Lichter am Himmel.

Welche Lichter leuchteten am vierten Tag am Himmel?

Am vierten Tag leuchteten die Sonne, der Mond und die Sterne am Himmel.

Was erschuf Gott am fünften Tag?

Am fünften Tag erschuf Gott die Tiere des Wassers und der Luft.

Was erschuf Gott am sechsten Tag?

Am sechsten Tag erschuf Gott die Tiere des Landes und die Menschen.

Wie hießen die ersten Menschen, die Gott erschaffen hat?

Die ersten Menschen hießen Adam und Eva.

Was erschuf Gott am letzten Tag?

Am letzten Tag ruhte Gott sich aus.

In wie viel Tagen erschuf Gott die Welt?

Gott erschuf die Welt in sieben Tagen.

Wie können wir die Schöpfung bewahren?

Es gibt viele Möglichkeiten. Wir können zum Beispiel Müll vermeiden oder die Umwelt schützen.

▶ **Wählt ein Spiel aus.**

Spiel 1

Vorbereitung

- Für dieses Spiel braucht ihr von jeder Karte zwei. Schneidet die Karten aus und legt sie verdeckt auf den Tisch.

Spielregeln

- Das erste Kind deckt zwei Karten auf und sagt, was es sieht.
- Wenn die Karten gleich sind, darf das Kind die Karten behalten und zwei weitere Karten umdrehen.
- Wenn die Karten nicht gleich sind, werden sie wieder umgedreht. Das zweite Kind ist dann an der Reihe.
- Derjenige mit den meisten Karten gewinnt.

Spiel 2

Vorbereitung

- Legt alle Karten verdeckt auf den Tisch.
- Jedes Kind wählt eine Kategorie, zu der es Karten sammeln will. Es gibt drei Kategorien: Schöpfung, Schöpfung bewahren und Paradies.

Spielregeln

- Das erste Kind deckt eine Karte auf.
- Wenn die Karte zu der gewählten Kategorie passt, darf es die Karte behalten und noch eine Karte aufdecken.
- Wenn die Karte nicht zu der gewählten Kategorie passt, wird sie wieder umgedreht. Das zweite Kind ist dann an der Reihe.
- Derjenige mit den meisten Karten gewinnt.

▶ **Schneidet die Bildkarten aus und mischt sie.**

SCHNEIDEREI

Station 7 Würfelspiel F (1)

Material
- 1 Würfel
- 2 Spielfiguren

Vorbereitung
- Schneidet die Ereigniskarten aus, mischt sie und legt sie verdeckt auf einen Stapel. Macht das Gleiche mit den Fragekarten.

Spielregeln
- Am Anfang darf jedes Kind einmal würfeln. Derjenige, der die höchste Zahl würfelt, beginnt.
- Wenn ein Kind auf ein Feld mit einem **F** kommt, liest ihm ein anderes Kind eine Frage vor. Wenn das Kind die Frage richtig beantwortet, darf es zwei Felder vorrücken.
- Wenn ein Kind auf ein Feld mit einem **E** kommt, muss es eine Ereigniskarte ziehen und die Anweisung befolgen.

Tipp: Ihr könnt euch auch selbst Fragekarten und Ereigniskarten ausdenken.

Ereigniskarten

Du hilfst beim Müllsammeln.
Rücke zwei Felder vor.
Du schaltest in allen unbenutzten Räumen das Licht aus.
Du darfst noch einmal würfeln.
Du hilfst jemanden beim Mülltrennen.
Rücke drei Felder vor.
Du fährst mit dem Fahrrad zur Schule.
Rücke vier Felder vor.
Du bringst einen Frosch, der eine stark befahrene Straße überqueren wollte, in Sicherheit.
Rücke drei Felder vor.
Du kaufst eine Plastiktüte, um deinen Einkauf zu transportieren.
Setze einmal aus.
Du spuckst dein Kaugummi auf die Straße.
Gehe zwei Felder zurück.
Du lässt das Wasser beim Händewaschen zu lange an.
Gehe ein Feld zurück.
Du wirfst Müll auf eine Wiese.
Setze einmal aus.

Du engagierst dich für den Naturschutz in deiner Stadt.

Du darfst noch einmal würfeln.

Du duschst eine Stunde lang.

Gehe drei Felder zurück.

Du hilfst mit, ein Naturschutzgebiet in deiner Stadt zu gestalten.

Du darfst noch einmal würfeln.

Fragekarten

Wie hieß die Frau von Adam?

Die Frau von Adam hieß Eva.

An welchem Tag erschuf Gott das Land und das Meer?

Gott erschuf das Land und das Meer am dritten Tag.

An welchem Tag erschuf Gott den Mond, die Sterne und die Sonne?

Den Mond, die Sterne und die Sonne erschuf Gott am vierten Tag.

An welchem Tag erschuf Gott den Menschen?

Gott erschuf den Menschen am sechsten Tag.

Welchen Auftrag gab Gott den Menschen?

Gott gab uns den Auftrag, die Schöpfung zu bewahren.

Was erschuf Gott am fünften Tag?

Am fünften Tag erschuf Gott die Tiere des Wassers und der Luft.

Wie sah die Erde am ersten Tag aus?

Die ganze Erde war mit Wasser bedeckt.

Was erschuf Gott als Letztes?

Als Letztes erschuf Gott den Menschen.

Was können wir tun, um die Umwelt zu schützen? Wir können vieles tun.

Zum Beispiel sparen, weniger Auto fahren und weniger Müll produzieren.

Was machte Gott am letzten Tag?

Am letzten Tag ruhte Gott sich aus.

An welchem Tag erschuf Gott den Himmel?

Gott erschuf den Himmel am ersten Tag.

Was erschuf Gott am sechsten Tag?

Am sechsten Tag erschuf Gott die Tiere des Landes und die Menschen.

Spielfeld

Start		F		E
F		E		F
E		F		E
Ziel		E		F

Station 1

Die Schöpfung mit unseren Sinnen entdecken

Station 2

Die Schöpfungstage

Station 3

Die Schöpfungsgeschichte

Station 4

Gottes Auftrag für die Menschen

Station 5

Der Mensch und die Schöpfung

Station 6

Naturwissenschaftliche Ansätze

Station 7

Spiele und Rätsel

Name: ______________________________

Lernstation	Anmerkung	erledigt
Lernstation 1 Die Schöpfung mit unseren Sinnen entdecken		
Lernstation 2 Die Schöpfungstage		
Lernstation 3 Die Schöpfungsgeschichte		
Lernstation 4 Gottes Auftrag für die Menschen		
Lernstation 5 Der Mensch und die Schöpfung		
Lernstation 6 Naturwissenschaftliche Ansätze		
Lernstation 7 Spiele und Rätsel		

Beobachtungsbogen

Lernstation: ______________________________

Name des Kindes	bearbeitete Arbeitsblätter	Bemerkungen / Förderung

Name: ______________________________

Lernstation	Arbeitsblatt	Einschätzung

Urkunde

ist jetzt Profi zum Thema

„Schöpfung“

Ort und Datum

Unterschrift

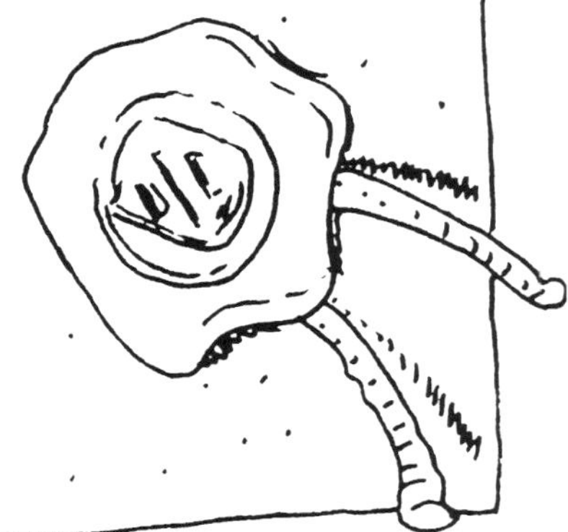

Seite 17 und 18

Und Gott sprach:
„Über der Erde
soll ein Himmel entstehen!“

Und so geschah es:
Gott spannte das Firmament
über die Erde
und nannte es „Himmel“.

Und Gott sah,
dass es gut war,
was er gemacht hatte.

Wieder wurde es Abend.
Der zweite Tag war vorüber.

Seite 25

die Taube

die Möwe

der Aal

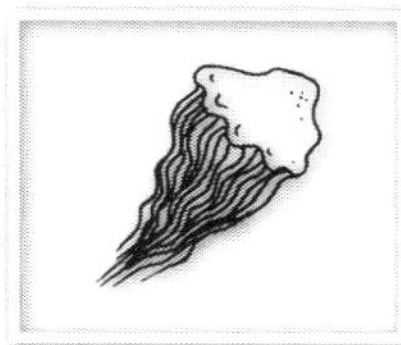

die Qualle

die Amsel

der Karpfen

Seite 26

R	W	Z	B	V	M	K	H	B	Z	R	T	L
S	Q	R	W	R	G	O	T	T	B	V	C	E
D	A	W	A	F	C	N	Z	T	R	F	A	G
V	Y	Q	S	Z	H	V	W	P	R	E	B	B
B	X	X	S	U	N	Ö	T	V	V	W	E	H
M	F	Y	E	J	T	G	H	E	G	V	N	J
T	I	E	R	E	X	E	N	R	R	C	D	K
C	S	E	D	E	T	L	K	M	D	F	K	Z
V	C	D	C	W	Z	K	I	E	E	J	L	T
X	H	C	L	U	F	T	L	H	E	I	E	R
Y	E	X	V	D	V	B	N	R	E	F	G	S
B	Ö	L	O	P	W	S	Q	T	C	V	W	A

Lösungen

Seite 27

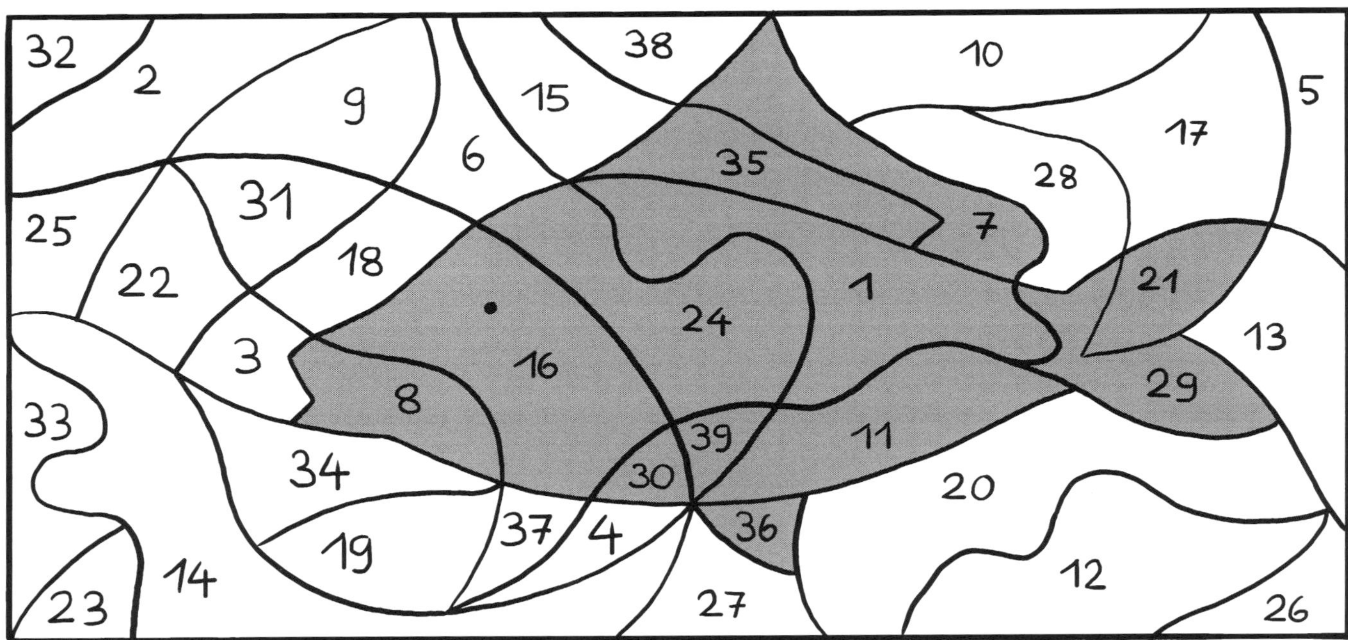

Seite 29

Tiere – Land – gut – Menschen – Frau – Vermehrt – Bäume – Vögel – mir – fünfte

Seite 37

Tag 1
Und Gott sah,
dass das Licht gut war.
Er trennte das Licht von dem Dunkel.
Und er nannte das Licht „Tag".
Und das Dunkel nannte er „Nacht".

Tag 2
Und Gott sprach:
„Über der Erde
soll ein Himmel entstehen!"

Tag 3
Und Gott sprach:
„Das Land bringe hervor
Gräser und Kräuter
und Bäume aller Art."

Tag 4
Und so geschah es:
Am Morgen ging die Sonne auf,
strahlend und hell.
Und am Abend leuchtete
der Mond am Himmel.
Und viele Sterne funkelten
in der dunklen Nacht.

Tag 5
Und Gott sprach:
„Tiere sollen das Wasser
und die Luft mit Leben erfüllen!"

Tag 6
Und Gott sprach:
„Auch auf dem trockenen Land
sollen allerlei Tiere leben."

Tag 7
„Dieser Tag soll mein Tag sein.
Alle Arbeit soll ruhen
an diesem Tag!"

Seite 38

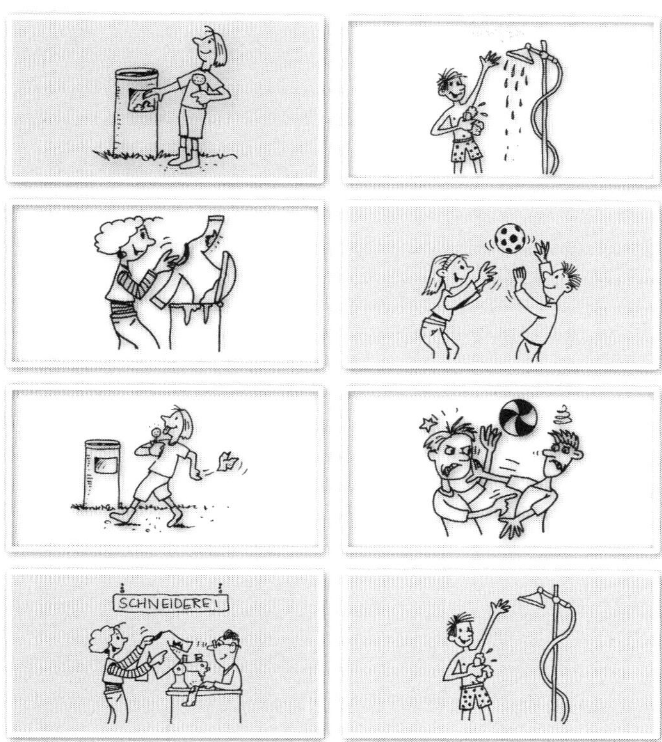

Seite 39

- [x] Ich fahre mit dem Fahrrad zur Schule, um die Luft nicht zu verschmutzen.
- [ ] Ich werde mit dem Auto zur Schule gebracht, um schneller dort zu sein.
- [ ] Ich dusche lang, um richtig sauber zu werden.
- [x] Ich dusche kurz, um Wasser zu sparen.
- [ ] Ich pflücke viele Wildblumen, weil ich einen Blumenstrauß haben will.
- [x] Ich pflücke keine Wildblumen, weil sie für viele Tiere wichtig sind.
- [x] Im Winter hänge ich Futter für die Vögel auf, damit sie etwas zu essen haben.
- [ ] Im Sommer hänge ich Futter für die Vögel auf, damit sie kein Essen suchen müssen.
- [x] Wenn ich mich mit jemandem streite, vertragen wir uns danach.
- [ ] Wenn ich mich mit jemandem streite, sprechen wir danach nicht mehr miteinander.

Seite 46

Reihenfolge Bilder: 2, 3, 5, 4, 1

Reihenfolge Text: B, E, C, A, D

Seite 47

- Die Menschen dachten nicht mehr an Gott. Sie gingen nicht gut miteinander um.
- Gott versprach, dass er die Welt nie wieder zerstören wird.

Seite 48

- Die Menschen dachten nicht mehr an Gott. Sie gingen nicht gut miteinander um und sie zerstörten alles, was Gott erschaffen hatte.
- Gott war unzufrieden. Er beschloss, die Menschen und die Erde zu verderben.
- Gott versprach, dass er die Welt nie wieder zerstören wird.

Seite 49

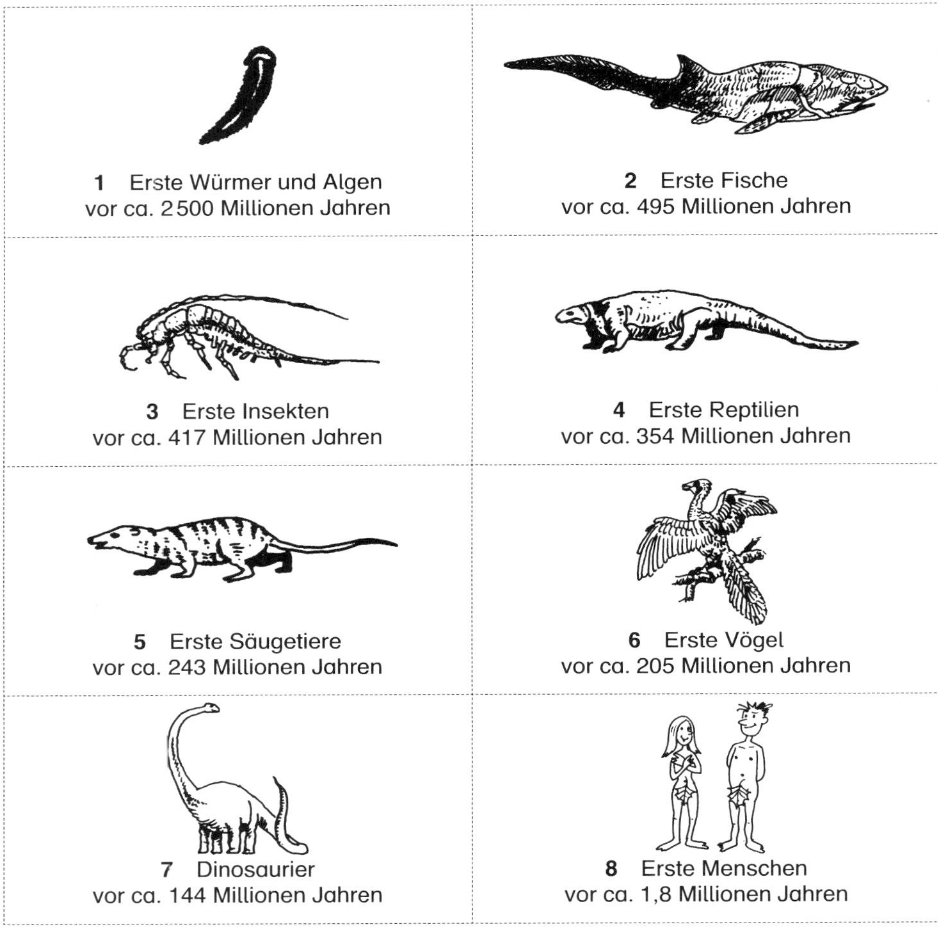

Seite 51

Wissenschaftler glauben, dass unser Sonnensystem, zu dem die Erde und andere Planeten gehören, vor ca. 4 600 Millionen Jahren entstand. Sie vermuten, dass eine riesige Wolke aus Staub und Gas die Planeten hervorbrachte.

Am Anfang war die Erde noch sehr heiß, aber mit den Jahren kühlte sie sich ab. Vor ca. 2 500 Millionen Jahren gab es die ersten Tiere. Das waren Würmer. Später entwickelte sich auch Leben auf dem Land und in der Luft. Der Mensch entwickelte sich zuletzt.

Seite 53

- Wissenschaftler glauben, dass der Mensch gemeinsame Vorfahren mit dem Affen hat.
- Evolution bedeutet, dass sich Lebewesen langsam verändern.

Seite 52

Seite 56

Schöpfung

1.	G	O	T_c	T														
2.	S	I	E	B_f	E	N												
3.	A	U	S	R_e	U	H	E_l	N										
4.	S	C	H	Ö	P	F	U_d	N	G		B	E	W_h	A	H	R_k	E	N
5.	H	I	M	M	E_g	L												
6.	A	D	A_b	M														
7.	E	V	A_i															
8.	M	E	N_a	S	C	H_j	E	N										
9.	M	O	N_m	D														

N	A	T	U	R
a	b	c	d	e

B	E	W	A	H	R	E	N
f	g	h	i	j	k	l	m

Paradies und Sündenfall

1.	P	A_b	R	A	D	I	E_e	S											
2.	B	A	U	M		D_h	E	R		E_g	R	K	E	N_j	N	T	N	I	S
3	S	C	H	L	A	N	G	E_i											
4.	F	R_c	U	C	H	T_d													
5.	G_a	O	T	T															
6.	E	N_f	G	E	L														

G	A	R	T	E	N
a	b	c	d	e	f

E	D	E	N
g	h	i	j

Textquellenverzeichnis

Seite 7, 8, 14, 15, 17, 18, 20, 21, 23, 24, 26, 27, 29, 30, 32, 37, 42, 43, 46

Irmgard Weth. Neukirchener Kinderbibel. Illustriert von Kees de Kort. Neukirchener Kalenderverlag, Neukirchen-Vluyn, 19. Auflage 2016.